Gustave Noblemaire

Les Conditions du travail dans les chemins de fer

Étude

ISBN : 978-1724921987

10 9 8 7 6 5 4 3 2 1

Gustave Noblemaire

Les Conditions du travail dans les chemins de fer

Étude

Table de Matières

Les Conditions du travail dans les chemins de fer

Dans toute opération qui exige beaucoup de main-d'œuvre, on en peut comprendre de deux façons le mode d'emploi :

Ou bien réduire au minimum le nombre des ouvriers chargés de l'accomplir, exiger d'eux le maximum de travail compatible avec leurs forces et leur vie de famille, et cela en vue d'augmenter le plus possible leurs salaires ;

Ou bien appeler un plus grand nombre d'ouvriers à y participer, sauf à limiter la durée du travail de chacun d'eux et par suite son salaire.

Le premier est la pratique générale de l'industrie, qui veut, par l'emploi combiné des machines et de la main-d'œuvre, accélérer le travail, augmenter la production et réduire le prix de revient de l'objet fabriqué.

Le second est la théorie qui se préoccupe surtout de donner au plus grand nombre possible de travailleurs le moyen de vivre de leurs bras et, pour arriver au nivellement des salaires, fait bon marché des inégalités naturelles de l'individu et de son habileté acquise.

Il est malaisé de concilier ces deux systèmes et l'on ne peut guère considérer que comme un desideratum cette affirmation que produisait naguère M. Rouanet à la tribune de la Chambre : *Toute l'histoire du progrès économique du XIXe siècle réside dans la diminution de la journée de travail correspondant à de plus hauts salaires, à des économies dans l'exploitation et à l'abaissement du prix des produits.* Pour les chemins de fer, la question se complique : il ne s'y agit pas seulement de fabriquer des produits ; sous ce rapport, leurs ateliers ne diffèrent en rien de ceux de l'industrie ; il s'agit surtout de faire marcher des trains, et là le problème se double d'une question prépondérante, la sécurité, qui repose en grande partie, cela n'est pas douteux, entre les mains d'un personnel qui doit, à tout prix, rester dispos et alerte.

Devant la sécurité, tout doit s'effacer ; sur ce point, il ne saurait y avoir ni désaccord ni discussion.

Peut-on supposer sérieusement que ceux qui ont l'honneur et la responsabilité, parfois un peu pesante, de diriger nos grandes compagnies de chemins de fer, auxquels on veut bien accorder quelque intelligence, n'aient pas en même temps le cœur assez haut placé pour le comprendre ; qu'ils soient à ce point absorbés et aveuglés par le souci d'augmenter ou de maintenir les dividendes de leurs actionnaires, qu'ils oublient et négligent les considérations du devoir le plus haut, de l'humanité, vis-à-vis de leurs collaborateurs de tous les jours, vis-à-vis du public ? Sans doute, malgré toutes les précautions prises, des accidents toujours trop nombreux sont survenus, dans lesquels on ne fait pas assez la part de l'irrémédiable fragilité de notre nature et qu'on ne manque pas d'attribuer à l'excès de fatigue des agents d'exécution, à leur surmenage. Mais, si les dépenses d'exploitation des Compagnies vont depuis quelques années en croissant rapidement, n'est-ce pas la meilleure preuve de leurs constants efforts pour diminuer la fatigue de leur personnel, régulariser et faciliter son travail ?

Le surmenage, je le répète, il le faut éviter à tout prix ; mais, d'accord sur le principe et le but, il s'en faut que nous le soyons sur l'utilité, la mesure ou la portée des moyens proposés à la Chambre des députés dans sa séance du 14 novembre dernier.

Ce n'est pas la première fois que les représentants des pouvoirs publics se sont préoccupés de ce grave problème et ont voulu protéger l'intérêt général dont ils ont la tutelle, contre des exagérations, toujours possibles malgré tout, de l'intérêt privé.

MM. Yves Guyot, Viette, Jonnart, dans leur passage au ministère des Travaux publics, l'ont fait par des réglementations successives, la dernière, du 4 mai 1894. La Chambre a pensé qu'il convenait de leur donner la consécration et l'autorité de la loi, et le 17 décembre 1897, sur la proposition de MM. Rabier, Berteaux et Jaurès, elle a voté (dirons-nous discuté ?) une loi sur le travail des mécaniciens, que 430 voix sanctionnaient contre 12 opposants seulement. Cette quasi-unanimité, en matière aussi délicate, est faite pour surprendre, et peut-être la Chambre comptait-elle sur le Sénat pour repousser un projet, que, d'ailleurs, le Gouvernement n'avait pas voulu s'engager à y soutenir.

Une nouvelle réglementation du travail, plus étroite que celle qu'avait édictée M. Jonnart, fut la première pensée de M. Baudin. Bien que cette aggravation ne leur parût pas justifiée par des considérations de sécurité, le concours des Compagnies ne lui fit pas défaut, et c'est d'accord avec elles que parurent successivement les trois arrêtés réglementant le travail de tous les agents dont le service intéressait, à des degrés divers, la sécurité : le 4 novembre 1899, pour les mécaniciens et pour les conducteurs de train ; le 23 novembre, pour les agents des gares ; le 10 octobre 1901, pour les agents de la voie.

Le Sénat examinait d'ailleurs la loi que la Chambre lui avait envoyée, avec la maturité qui lui est ordinaire, d'autant plus justifiée dans l'espèce, que le nécessaire avait été fait par le pouvoir exécutif. Il entendait les intéressés, l'avant-garde ardente des agents de chemins de fer aussi bien que les délégués des Compagnies, qui formaient naturellement la réserve, et fut enfin d'avis qu'il y avait convenance et possibilité de faire un pas en avant, et de le faire en lui donnant, sous la forme d'une loi, votée le 4 juin 1901, un caractère de stabilité utile, peut-être, mais fâcheux à la fois en raison même de sa rigidité.

Ce serait exagérer que de dire qu'un tel acte fut bien accueilli à la Chambre des députés, au moins par les promoteurs de la loi votée par elle en décembre 1897. La commission du travail se mit à l'œuvre, mais le contre-projet de M. Rose, son rapporteur, fut enveloppé dans le même dédain.

Dans cette question aussi importante, qu'une discussion un peu passionnée, il est permis de le dire, n'a pas contribué à éclaircir, nous essaierons d'apporter froidement un peu de lumière.

Nous examinerons d'abord le principe même de la loi, puis les conséquences financières de celles de ses dispositions qui empruntent à la sécurité leur raison d'être plus ou moins sérieuse. Nous examinerons ensuite la question des vacances, et surtout celle des retraites, qui n'ont avec la sécurité qu'un rapport un peu plus lointain.

Le *principe de la loi* est simple, trop simple : dix heures de travail maximum dans chaque journée de vingt-quatre heures.

Occupons-nous d'abord des mécaniciens. Ce sont les premiers que l'on considère, et non sans raison, parmi les travailleurs des chemins de fer. Sympathiques entre tous, ils forment une troupe d'élite, d'avant-garde, se recrutant souvent dans nos écoles des arts et métiers, dont l'instruction professionnelle se doit doubler de sang-froid, de décision et d'initiative, troupe d'ailleurs un peu renfermée, consciente de ses responsabilités et fière de la place qu'elle occupe, la première au travail, au danger. Ce ne sont pas, cependant, des anges, et il le faudrait être pour résister aux excitations dont ils sont l'objet et qui, surtout lorsque soufflent certains vents de renouvellement, trouvent à la Chambre un écho particulier.

Examinons d'abord, ce ne sera pas du temps perdu pour les discussions ultérieures, comment sont réglées pour eux les questions de salaires et ce qu'il faut penser des légendes qui ont cours sur leurs fatigues, sur les conditions de leur santé.

La compagnie P.-L.-M. compte actuellement 2 511 mécaniciens divisés en quatre classes, dont les appointements fixes varient de 2 100 francs à 3 000 francs. A ces appointements s'ajoutent des primes d'économie de combustible et de matières de graissage, qui les intéressent à la conduite économique de leur machine, des primes de temps gagné en marche, incitant à la régularité, des primes de parcours, qui intéressent les mécaniciens à effectuer le plus de parcours possible. Ces primes, à la compagnie P.-L.-M., sont considérées, au point de vue des versements pour la retraite et, par suite, de la quotité de cette retraite, comme faisant partie des appointements.

EN 1900, le salaire fixe des mécaniciens représente une moyenne effective de 2388 francs, les primes diverses 849 francs. Ils reçoivent enfin, lorsqu'ils restent absents de leur domicile au-delà d'un certain nombre d'heures, des frais de déplacement dont la moyenne annuelle est de 358 francs.

Tout cela leur constitue un salaire moyen total de 3 595 francs.

Les chauffeurs, au nombre de 2 123, sont divisés en trois classes dont le salaire fixe varie de 1 500 à 1 800 francs, auxquels s'ajoutent des primes qui varient du tiers à la moitié de celles de leurs mécaniciens. Leur salaire annuel moyen est actuellement de 2 414 francs.

Les conditions matérielles du service des mécaniciens sont plus pénibles que celles de beaucoup d'autres agents de chemins de fer, dont le salaire, d'ailleurs, est naturellement, et pour ce motif, très notablement inférieur au leur. Ils sont, plus que d'autres, exposés aux intempéries et, bien que robustes en général, ou le devenant par suite de leur travail au grand air, ils sont, plus que d'autres, sujets aux maladies des voies respiratoires, aux refroidissements, aux rhumatismes.

Voici ce que nous indique à cet égard noire statistique de 1900 :

Pour l'ensemble de notre personnel, 77 468 agents, le nombre des journées de congé pour maladie a été, en 1900, de 751 025, soit 10 jours en moyenne par agent. Ce chiffre moyen a varié dans d'assez larges limites, suivant les professions : il a été de 5,5 pour les employés sédentaires, de 0,4 pour les agents de la voie travaillant toujours en plein air et vivant à la campagne ; de 9,8 pour les agents des gares et les ouvriers des ateliers et dépôts, de 14,3 pour les conducteurs de train, et de 21,7 pour les mécaniciens.

Quant à l'influence définitive de ces épreuves passagères sur leur organisme, que faut-il penser des allégations produites par M. Zévaes à la tribune de la Chambre le 14 novembre dernier (J. O., p. 2 166) et qu'il abrite derrière l'autorité du Dr Duchesne et de M. Sauvage, ancien directeur de la compagnie de l'Est ?

« *Sauf quelques exceptions*, disait le premier, *lorsque les mécaniciens peuvent continuer à faire le service actif des locomotives, ils sont fatigués après dix ans, souffrants après quinze ans, et peu capables, après vingt ans, de faire leur service.* » Que le livre du docteur Duchesne ait fait autorité, au point de vue scientifique, nous ne le contestons pas, non plus que l'exactitude de ses observations d'alors… Mais il date de quarante-quatre ans, les conditions du travail se sont, depuis, singulièrement modifiées et améliorées, et cette allégation, si elle tombait sous leurs yeux, ferait aujourd'hui sourire nos mécaniciens.

« *La limite de 55 ans d'âge et de 25 ans de services*, disait M. Sauvage, le 25 novembre 1861, *nous a paru trop rigoureuse et presque impossible pour la majeure partie de notre personnel.* » En 1861, c'est possible, mais cette exhumation, faite le 14 novembre 1901, d'un document vénérable, est un peu faite pour surprendre. On a marché et amélioré depuis lors.

A l'appui de ces appréciations générales, le même orateur a fourni d'ailleurs des chiffres :

« *Sur 2 187 mécaniciens, a-t-il dit, que la compagnie P.-L.-M. a eus à son service de 1865 à 1877, 238 sont passés à d'autres emplois ; 110 ont donné leur démission ; 116 sont morts ; 97 ont été congédiés pour cause de maladie ; 131 retraités par anticipation… Sur ces 2 187 mécaniciens, 4 seulement ont pu être retraités dans les conditions réglementaires, c'est-à-dire à 55 ans d'âge et 25 ans de services.* » Il ne s'est trouvé personne parmi les auditeurs pour faire un total rapide et demander, en dehors des 686 agents dont on donnait ainsi le sort, ce qu'il était advenu des 1 701 autres ! Je ne sais ce qu'est le chiffre total de 2 187 mécaniciens, leur nombre était de 830 en 1865 et de 1 263 en 1877. Mais il importe peu ; et ce qu'il faut retenir de cette énumération, c'est que, sur 125 retraites, de 1865 à 1877, il y en a eu 121 anticipées et 4 réglementaires ; voilà le fait, d'ailleurs exact, qui résulte de cette statistique, elle aussi un peu antédiluvienne. Cette période de 1865 à 1877 est celle qui a suivi immédiatement l'institution de la Caisse des retraites de la compagnie, le 1er juillet 1864 ; elle est trop voisine de la constitution même du réseau P.-L.-M. pour qu'on puisse s'étonner que, dans ces 12 années, 4 mécaniciens seulement, recrutés comme on pouvait les recruter alors, aient pu atteindre leurs 25 ans de services. Et cela est si vrai, que l'âge moyen des 121 mécaniciens retraités par anticipation était de près de 54 ans. Ce n'est pas ainsi, ni sur des périodes de début, que se font les statistiques sérieuses. Donnons des chiffres plus contemporains.

Il est bien vrai que, soumis à des fatigues plus grandes, les mécaniciens arrivent moins facilement que d'autres à remplir la double condition de 55 ans d'âge et 25 ans de services leur donnant droit à la retraite réglementaire ; pour eux, plus souvent que pour les autres agents, la compagnie est amenée à user de la faculté qu'elle s'est réservée, et précisément pour eux, de mettre à la retraite par anticipation les agents fatigués comptant 15 ans de services.

Voici des chiffres à cet égard.

Dans les cinq dernières années, de 1896 à 1901, 4 053 agents de toute catégorie, dont 428 mécaniciens, ont été admis à une pension de retraite. La proportion des retraites réglementaires a été de 69 pour 100 pour l'ensemble du personnel, de 76 pour 100 pour les conducteurs de trains et de 34 pour 100 pour les mécaniciens.[1]

---

1 Cette proportion tend d'ailleurs à augmenter plutôt qu'à décroître. De 4/125, ou 3… p. 100 pour la période de 1862 à 1877, elle s'est élevée à 29 p. 100 pour les vingt

L'âge moyen de ces mécaniciens retraités par anticipation était de 53 ans, la durée moyenne de leurs services, 26 ans.

Conviendrait-il d'aller plus loin, de donner aux mécaniciens la possibilité de quitter avant 50 ans un métier qui leur serait devenu trop pénible, soit en ajournant le service de leur retraite à une date ultérieure, soit même en escomptant, dans des conditions à déterminer, la pension de retraite à laquelle ils auraient droit plus tard, de manière aies faire jouir immédiatement d'une pension réduite ? C'est une question que nous avons mise à l'étude, et elle ne me paraît pas de celles dont la solution soit trop difficile.

Ajoutons, pour compléter cette statistique, que, sur les 1 075 mécaniciens admis à la retraite du 1er janvier 1881 au 1er janvier 1901, en 20 ans, — à une retraite dont le chiffre moyen, pour le dire en passant, s'élève à 1 535 fr. 61, — il en survit, au 1er juillet 1901, 780, se décomposant en : 218 de 50 à 55 ans ; 258 de 55 à 60 ans ; 160 de 60 à 65 ans ; 108 de 65 à 70 ans ; 33 de 70 à 75 ans ; 3 de 77 ans.

Il n'était pas inutile, je crois, d'exposer ces données générales. Nous sommes maintenant plus à même d'entrer dans l'examen des principales dispositions de la loi.

Nous avons entendu parfois exprimer la surprise que les compagnies ne puissent se contenter de la faculté qu'on leur accorde de faire travailler leurs agents 10 heures par jour. Il est essentiel de faire à cet égard une distinction.

Admettre, pour chaque journée de 24 heures, une durée maxima ou normale de travail de 10 heures, rien n'est plus facile pour un travail de bureau ou d'atelier. Qu'il s'agisse de nos bureaux centraux ou de nos ateliers de construction ou de réparation du matériel, partout où il s'agit d'un travail défini, normal, régulier par essence, rien de plus aisé. On entre le matin à telle heure, on a tant de temps pour déjeuner, on sort à telle heure, on laisse, le soir, où il en est, le travail commencé, pour le reprendre le lendemain matin : c'est à merveille ; et les chemins de fer, sous ce rapport, n'ont rien qui les différencie de ce qui se passe dans les bureaux du commerce ou dans les ateliers de l'industrie. Ici et là, les périodes de 24 heures se succèdent pareilles ou identiques ; les pouvoirs publics n'ont pas

dernières années, 31 p. 100 pour les dix dernières, 34 p. 100 pour les cent dernières. Cette proportion, d'ailleurs, varie d'une compagnie à l'autre ; elle est plus forte à l'Est, à Orléans et à l'Ouest.

plus de raison ici que là d'en réglementer la répartition en travail et repos.

Il en va tout autrement pour le service des mécaniciens.

Sans doute, sur de petites lignes sans importance, la marche des trains n'est que trop régulière et pour ainsi dire invariable, et il n'est pas impossible qu'on y puisse localiser un personnel faisant ainsi chaque jour identiquement ce qu'il aura fait la veille, ce qu'il fera le lendemain. Même sur ces petites ligues, cependant, il y a des à-coups de trafic qui en troublent la monotonie. Sur la plupart des lignes d'un réseau, ces à-coups sont la règle, avec des variations plus ou moins périodiques dans le mouvement des voyageurs, quotidiennes dans celui des marchandises. En dehors de ces variations, les machines locomotives, qui ne peuvent s'arrêter en un point quelconque, ont dos points de relais déterminés, les *Dépôts*, où, pendant que le mécanicien se repose, la machine reçoit d'ouvriers spéciaux les soins ou les petites réparations nécessaires pour être maintenue en état d'entretien courant.

Ces dépôts sont situés en des points plus ou moins éloignés les uns des autres ; leurs emplacements, déterminés par des considérations d'ordre divers, ne peuvent être choisis, alors même qu'on le voudrait, de manière à s'accommoder à la durée plus ou moins normale du travail des mécaniciens, durée variable, et d'après les idées qui peuvent inspirer le législateur, et surtout d'après la nature et la vitesse des trains auxquels est affectée successivement une même machine.

Le service d'un mécanicien est donc forcément composé d'une suite de périodes de travail et de périodes de repos, les unes et les autres de durée variable, sans aucune relation avec les coupures normales de la journée d'un employé de bureau ou d'un ouvrier d'atelier. Pour lui, il n'est pas possible de songer à un travail quotidien quelque peu régulier. Il fait tantôt un train, tantôt un autre : conduisît-il toujours des trains de même nature et de même vitesse, il est impossible qu'arrivé au bout de sa course, il y trouve un train prêt à repartir, car la marche des trains de voyageurs n'est pas réglée par ses convenances, mais par les besoins du public. Il doit donc, alors même qu'il est encore frais et dispos, s'arrêter, ne pouvant atteindre sans fatigue pour lui, ni pour sa machine qui s'encrasse, le relais suivant et attendre pendant quelques heures (qu'il est question de compter comme travail) un train qui le ramène chez lui, à son point de départ ; et cela encore, à la condition que la durée du trajet de retour ajoutée à la durée de l'aller et aussi à la durée du repos (compté comme travail) ne dépasse pas le maximum réglementaire.

On comprend dès lors que, pour un service inévitablement variable d'un jour à l'autre et qui ne peut être qu'un *roulement* de plus ou moins longue durée, il soit de toute impossibilité de fixer trop étroitement la durée maxima du travail *sur une période strictement limitée à 24 heures* et de toute nécessité d'envisager une période plus longue, de dix jours par exemple, c'est celle qui est actuellement en usage, en fixant la durée maxima du travail non pas à 10 heures sur 24, mais à 100 heures sur 240, de considérer en un mot une période assez longue pour que le travail insuffisant d'un jour soit compensé par un travail plus long le lendemain.

C'est encore, dit-on, c'est toujours le système des moyennes ! Mon Dieu, je sais tout ce qu'on peut dire des moyennes ; mais il faut, ici, considérer le travail *moyen* pour une période déterminée d'un certain nombre de jours ; et il est facile de le faire sans pour cela tomber dans l'inconvénient si couramment reproché aux moyennes ordinaires, puisque l'on fixe à la fois et un *maximum absolu* pour chaque période de travail, continu ou coupé, comprise dans la décade, et un *minimum absolu* pour le grand repos ininterrompu qui doit être assuré entre deux périodes de travail.

Et même dans ces conditions, il faut, avec l'arrêté ministériel en vigueur, admettre le principe, repoussé par la loi projetée, de quelques dérogations, la possibilité, un jour déterminé, d'un léger excédent de travail, non certes pour relever, dans l'intérêt des compagnies, la durée moyenne de travail de la période, mais dans l'intérêt des mécaniciens eux-mêmes, pour leur permettre, au moyen d'un *coup de collier* exceptionnel, de rentrer dans leur famille où le repos est autrement utile et doux que celui qu'ils prennent loin d'elle dans nos dépôts, quelque confortable relatif que nous nous efforcions d'y ajouter chaque jour. Cela est incompatible avec la rigidité absolue d'une loi inviolable et devenue oppressive pour ceux-là mêmes qu'elle a pour but de protéger.

Après ces observations générales sur le principe même de la réglementation du service de marche, signalons une seconde erreur du projet de loi, celle (Art. 1er § 4) d'après laquelle *le temps d'arrêt entre deux trains (ou battement) sera considéré comme temps de travail lorsqu'il sera inférieur à quatre heures.* Il suffit, pour le comprendre, de voir à quelles conséquences bizarres ce principe conduit dans la pratique. Un agent partant de Dijon, sa résidence, à cinq heures du matin arrive à Lyon à neuf heures, le premier train qui peut le ramener chez lui part à midi et arrive à Dijon à quatre heures du soir. Si l'agent prend ce second train, il aura fait huit heures de travail effectif dans sa journée et, en supposant qu'il recommence le lendemain, il aurait treize heures de repos dans sa famille. La loi votée par la Chambre interdit cette combinaison, car les trois heures de battement comptées comme travail conduisent à un travail total de onze heures sur vingt-quatre. On se trouve donc, du fait de la loi, oppressive, je le répète, pour l'agent qu'elle prétend protéger, dans l'impossibilité de le ramener tous les jours dans sa famille, bien que la marche des trains s'y prête parfaitement.

C'est ce que M. Rose, rapporteur de la commission du travail, faisait remarquer à la Chambre avec autant de raison que peu de succès : « *Quand un mécanicien*, disait-il, *aura conduit un tram à destination et que le travail effectif lui aura pris par exemple quatre heures, s'il a trois heures de battement, la compagnie ne pourra plus le ramener chez lui, parce qu'elle n'aura plus que trois heures à lui imposer. Elle le laissera où il est. C'est un grave inconvénient dont l'agent sera le premier à se plaindre ; il sera obligé de rester 14 heures au moins loin de sa femme et de ses enfants. Quand il se sera reposé quelques heures, il ira au cabaret, dépensera son argent et sera soumis à des entraînements de toute nature.* » (*Journal officiel*, p. 2171.) Et quand, l'interrompant, M. Berteaux s'écrie : « *Les ouvriers sont unanimes à réclamer ce système, je suppose qu'ils connaissent leurs intérêts mieux que nous,* » on aurait pu lui répondre : Non certainement ! et, quand ils toucheront du doigt ou comprendront cette conséquence inévitable du système, ils le repousseront avec énergie.

Le temps de réserve est compté comme temps de travail, dit le projet de loi à son article 1er § 5. C'est là une troisième exagération injustifiable. Sur divers points d'une ligne sont placées des machines destinées à porter secours à celles qui viennent à s'avarier. Ce sont parfois des machines spéciales confiées à des mécaniciens plus ou moins fatigués et n'assurant que cette circulation éventuelle ; mais le plus souvent la réserve est comprise dans le roulement et assurée par les machines et le personnel du service ordinaire, qui en sont momentanément distraits et y sont reversés une fois leur période de réserve terminée. Dans l'un et l'autre cas, ce service de secours éventuel est essentiellement doux et des journées entières se passent sans que le secours soit demandé, le travail se bornant alors à quelques manœuvres de gare. En vertu de l'arrêté ministériel actuel, la durée des manœuvres exécutées pendant le temps de réserve est seule intégralement comptée comme travail ; le reste du temps de réserve est compté comme travail pour un quart de sa durée. C'est beaucoup déjà ; cependant, chaque degré de juridiction amène sa surenchère : le Sénat propose de le compter pour le tiers de sa durée ; la commission du travail de la Chambre, allant plus loin, proposait de compter comme travail les deux premières heures de réserve et la moitié du surplus ; le projet voté par la Chambre, enfin, compte comme travail la totalité du temps de réserve.

Il est vraiment impossible de le comprendre : le mécanicien de réserve est à disposition et peut être appelé d'un moment à l'autre, c'est vrai, mais, en somme, il se repose, et ce serait vraiment pousser à l'absurde l'exagération que d'assimiler à un travail ce repos, toujours partiel, souvent complet, et d'ouvrir au mécanicien le droit à une période de repos, absolu cette fois, au sortir de cette période de farniente relatif, tout comme s'il l'avait en réalité consacrée entièrement au travail. Et cela au nom de la sécurité publique ! J'arrive maintenant aux *conducteurs de train* qui jouent, eux aussi, leur rôle dans la sécurité et dont il est naturel, à ce titre, de régler, dans des conditions convenables, le travail maximum et le minimum de repos.

On ne le peut faire, et pour les raisons mêmes que je viens de développer, par périodes strictes de 24 heures. Pour eux, comme pour les mécaniciens, il faut, en raison des variations inévitables dans la nature du travail de chaque jour, considérer une période assez longue, quinze jours aujourd'hui, leur permettant d'assurer le mieux possible le service des trains, de nature et de vitesse variables, qu'ils accompagnent.

Je dis qu'ils *accompagnent* ; pour les mécaniciens, je disais qu'ils *conduisent*, et ces mots seuls indiquent, dans l'importance du travail, de la responsabilité et de la fatigue des uns et des autres, une différence capitale dont l'arrêté ministériel en vigueur tient compte avec raison. Le projet de loi la méconnaît de propos délibéré, et c'est la quatrième critique essentielle qu'on doit lui adresser, en fixant des règles et des limites identiques pour le travail et le repos des uns et des autres.

Le mécanicien est constamment occupé à surveiller la machine, la voie et les signaux ; son chauffeur, constamment occupé par le chargement du foyer et l'alimentation de la chaudière. Les conducteurs sont, au contraire, inoccupés pendant une grande partie du trajet : dans les trains rapides, quand le conducteur-chef a classé ses feuilles de bagages, mis en ordre ses écritures, il n'a plus qu'à s'asseoir dans sa vigie et à surveiller la marche du train ; prendre quelques bagages aux gares d'arrêt, toutes les deux ou trois heures, inscrire sur son journal les heures de départ et d'arrivée, donner le signal du départ : voilà à quoi se réduit son service ; le conducteur de queue n'a qu'à rester dans sa vigie, et à se tenir prêt à aller couvrir le train, en cas d'arrêt intempestif sur la voie. — Dans les trains omnibus, où les arrêts sont fréquents, le conducteur-chef est plus occupé par le service des bagages à livrer et à recevoir, le conducteur de queue par celui des portières. — Dans les trains de marchandises, enfin, tous les conducteurs coopèrent au service des freins à main ; mais, dans aucun cas, pour une même durée de travail, la fatigue de ces agents n'approche, même de très loin, de celle des mécaniciens et chauffeurs. Il est donc absolument déraisonnable de leur appliquer les mêmes règles.

Il le serait tout autant de compter comme travail le temps de *réserve* des conducteurs de train. — Qu'est-ce au juste, en effet, pour ces agents, que le temps de réserve qui n'a pas du tout la même signification pour eux que pour les mécaniciens ? C'est une période pendant laquelle le conducteur, sortant d'un *grand repos*, vient à la gare et s'y tient à disposition pour accompagner, quand il y a lieu, un train facultatif non prévu. Pendant tout ce temps, il reste au corps de garde, peut s'y déshabiller, se coucher dans un lit, se reposer, en un mot, dans les mêmes conditions que ses camarades appelés à prendre leur grand repos hors de leur résidence. De sorte que la loi votée par la Chambre conduirait à ce résultat singulier que, pour deux agents couchés dans le même dortoir, l'un pendant un grand repos succédant à une période de travail, l'autre pendant une période de réserve consécutive à un grand repos, le temps sera compté pour le premier comme repos, pour le second comme travail. — Que, pour ce dernier, qui peut s'attendre à être réveillé pour partir d'un moment à l'autre, ce temps de réserve soit compté en partie comme travail, soit, mais il est déraisonnable de le compter en entier comme tel.

Pour compléter ce qu'il importe de savoir en ce qui touche les agents des trains, il nous reste à faire connaître leurs appointements, inférieurs naturellement à ceux des mécaniciens, comme sont inférieures leur fatigue et leur responsabilité. En 1899, nos conducteurs-chefs touchaient en moyenne comme appointements et frais de déplacement 2 446 francs, les conducteurs 1 872 francs, les wagonniers 1 649 francs ; moyenne générale, 2 016 francs.

Résumons cette première partie de nos observations.

Pour les bureaux, pour les ateliers, rien n'est plus facile, nous l'avons dit, que de fixer à 10 heures sur 24 la durée maxima ou normale du travail journalier.

Pour les trains, il ne suffit pas qu'on ait le droit de faire travailler un agent, il faut avoir, en outre, du travail à lui donner, c'est-à-dire un train à lui faire conduire ou accompagner. Si bien qu'en fait, et pour les raisons que je viens d'exposer, la durée du travail journalier est très notablement inférieure au maximum autorisé et s'en écarte d'autant plus que les trains sont moins fréquents et que les conditions imposées à l'emploi des agents limitent davantage le nombre des combinaisons de trains qu'ils peuvent emprunter.

Avec l'arrêté ministériel du 4 décembre 1899, qui autorise pourtant, dans certains cas exceptionnels, jusqu'à un maximum de 12 heures et demie, nous n'avons réalisé, en fait, au service d'été de 1901, que 8 h. 02 pour les mécaniciens (en comptant le service de réserve pour un quart de sa durée) ; 8 h. 46 pour les conducteurs du service régulier, 7 h. 25 pour les conducteurs du service de réserve. Avec la loi votée le 14 novembre 1901 par la Chambre, qui n'admet plus la période décadaire et limite à 10 heures le maximum absolu du travail, nous ne dépasserions assurément pas 6 heures à 6 heures et demie de travail utile.

L'article 4 de la loi, relatif aux *congés*, conduit à de telles conséquences qu'on ne peut que croire à un lapsus. Il ne vise plus uniquement les mécaniciens et agents des trains, comme le faisait le texte de 1897, mais s'étend désormais aux *ouvriers et employés de tous les services*. Tout le personnel de nos ateliers aura droit, tous les 10 jours, à un congé payé de 24 heures consécutives. Qu'en penseront les ouvriers de l'industrie payés à la journée ou aux pièces ? Ceux des manufactures de l'Etat ? Leur opposera-t-on la question de sécurité ?

Mais il y a plus : les compagnies de chemins de fer donnent, en général, à ceux de leurs agents commissionnés qui n'ont pas la libre disposition de leurs dimanches, un congé de vacances de 12 jours. Ces vacances sont désormais imposées par la loi, portées à 15 jours, étendues aux agents de tout ordre. Au nom de quel principe ? En vertu de quel droit ? Ce n'est plus ici une question de sécurité.

Après avoir signalé et démontré, je l'espère, les erreurs du projet de loi dans cinq de ses points essentiels, j'arrive maintenant à la *question d'argent*, sur laquelle l'auteur de la loi en a accumulé bien d'autres.

L'évaluation de l'excédent de dépenses qui devait résulter du projet de loi voté le 17 décembre 1897 par la Chambre ne pouvait se faire que d'une seule manière. Les six grandes Compagnies, de même que l'administration des chemins de fer de l'Etat ont établi, chacune de leur côté, en tenant compte de ces dispositions nouvelles et en les appliquant aux parcours de trains de 1896, les *roulements* de leurs mécaniciens et des agents des trains. Les chiffres auxquels elles ont été conduites, vérifiés d'abord au ministère des Travaux publics par les fonctionnaires du contrôle, ensuite par les inspecteurs des finances, figurent à la page 91 du rapport de M. le sénateur Godin, en date du 25 février 1901. En dehors de 24 163 000 francs du chef des retraites, sur lesquelles je reviendrai dans un instant, la dépense totale s'élevait à 49 842 000 francs et représentait ainsi, en sus des 6 127 000 francs de dépenses déjà faites comme conséquence des prescriptions de l'arrêté ministériel du 4 novembre 1899, un nouvel excédent de dépenses annuelles de 43 715 000 francs.

C'est impossible ! se sont écriés à l'envi les auteurs de la loi de 1897 ! En vain, interpellé par eux sur la question de savoir si ces chiffres avaient été vérifiés, le ministre des Finances leur en a donné l'assurance ; ils se sont cantonnés dans leur incrédulité, dans leurs dénégations et l'impossibilité de pareils résultats, M. Berteaux a cru pouvoir la démontrer immédiatement à la Chambre : *Le nombre des mécaniciens*, a-t-il dit, *s'élève d'après le rapport Godin à 19 818, le nombre des agents des trains à 16 695.* Le traitement moyen des mécaniciens s'élève à 2 370 fr., celui des chauffeurs à 1 620 francs, ce qui donne une moyenne de 1 995 francs ; si vous multipliez ce chiffre par le nombre arrondi des mécaniciens et chauffeurs, vous obtenez un total de 39 900 000 fr. Les agents des trains reçoivent un traitement moyen de 1 503 fr. ; le chiffre que donne M. Bourrat est un peu plus élevé, il est de 1 700 francs ; multiplions le chiffre de 1 503 par le nombre des agents soit 17000, nous arrivons à une somme de 25 551 000, soit à un total de 65 451 000 francs pour l'ensemble des traitements et salaires des agents des trains, des chauffeurs et des mécaniciens dans toutes les grandes Compagnies. C'est sur ce chiffre de 65 millions et demi, qui représente la totalité des salaires actuels, que les compagnies de chemins de fer osent vous menacer d'un relèvement de 49 millions et demi. Énoncer de pareils chiffres, c'est indiquer assez clairement que les compagnies de chemins de fer se trompent ou qu'elles veulent tromper la Chambre *(très bien ! très bien à gauche)*... Nous ne pensons pas qu'on puisse évaluer à beaucoup plus du dixième ou du neuvième de la dépense actuelle le sacrifice que nous imposerons aux compagnies. Prenons un neuvième, c'est 7 200 000 ; voilà le maximum de la dépense, que les dispositions de la loi votée en 1897 pourront entraîner *(très bien ! très bien à gauche). (J. O. du 14 novembre, page 2 169).* »

Un calcul plus simple encore aurait dû préserver l'orateur d'une aussi grosse erreur. L'administration des chemins de fer de l'Etat ne peut être soupçonnée par lui, je suppose, d'avoir voulu, elle aussi, tromper la Chambre : elle accusait un excédent de dépenses de 2 700 000 francs. Or, le parcours des trains de l'État est de 10 000 000 kilomètres, celui des 6 grands réseaux de 304 000 000 kilomètres, soit au total 320 000 000 ou 20 fois celui de l'Etat seul. L'augmentation de dépenses pour l'ensemble pouvait donc atteindre 20 fois 2 700 000 ou 54 millions. Voilà ce qu'une simple règle de trois pouvait faire soupçonner. On n'a pas songé à la faire.

Nous ne reproduirons pas ici la justification détaillée des évaluations des Compagnies si légèrement incriminées ; elle figure tout au long aux pages 91 à 103 du rapport de M. le sénateur Godin et l'on pouvait en discuter tous les éléments ; les nier simplement, non, c'est trop commode et il ne saurait suffire, pour les ébranler, de calculs sommaires faits à la tribune, quelle que soit l'habileté du calculateur. Nous nous contenterons de quelques indications pour expliquer l'origine de ses erreurs.

Ainsi que nous l'avons dit plus haut :

Le traitement moyen d'un mécanicien n'est pas 2 370 francs, mais 3 595 francs ; celui d'un chauffeur n'est pas 1 620 francs, mais 2 414 francs ; celui d'un agent des trains n'est pas 1 503 fr., mais 2 016 francs.

Ce n'est pas du dixième ou du neuvième qu'il faudrait augmenter le nombre des agents actuellement en service ; en tenant compte de la réduction de la durée effective du travail et des 40 jours de congé nouveaux décrétés par la loi votée en 1897, il faudrait l'augmenter de 55 pour 100.

Enfin, en ce qui concerne la traction, en dehors de l'augmentation du nombre des mécaniciens, il faut tenir compte d'une augmentation correspondante dans le nombre des machines et des places de dépôts nécessaires à les abriter ; on a oublié cela, et l'omission est d'autant plus grave que ces charges annuelles supplémentaires, 11 346 000 francs, sont plus de la moitié de l'augmentation de la dépense de personnel des mécaniciens el chauffeurs, 20 679 000 francs.

Nous ne pouvons donc que maintenir le chiffre de 49 842 000 fr. comme représentant l'excédent annuel de dépenses qui résulterait, par rapport à l'état de choses antérieur, celui de 1896, de l'adoption du *projet de loi primitif de 1897.*

Par rapport à l'état actuel créé par l'arrêté ministériel du 4 novembre 1899, cet excédent serait de 43 715 000 francs.

Il serait aggravé encore et dans une énorme proportion par la loi qu'a votée la Chambre le 14 novembre 1901 et cela, je le réputé, en dehors de la question des retraites que je vais aborder.

Et cet énorme excédent de dépenses, pour arriver à quel résultat ?

A diminuer la durée du travail dans une proportion excessive que ne commandent ni le bien-être des agents, ni le souci de la sécurité publique ;

A augmenter les repos, mais avec cette contre-partie funeste, qu'il deviendra beaucoup plus difficile de les donner aux agents à leur résidence, dans leur famille ;

A augmenter beaucoup, en fin de compte, le nombre des agents, sans pouvoir, dès lors, augmenter leurs salaires.

Est-ce là l'intérêt bien entendu du personnel ? Et faut-il donc aux désirs des novateurs sacrifier ce qui doit être le but, ce qui est le véritable progrès, l'amélioration de la situation pécuniaire du personnel, qui a toujours été le principal souci des compagnies de chemins de fer !

S'il est possible de calculer avec une grande approximation les charges qui résultent des réglementations nouvelles du repos et du travail, il n'en va pas de même en ce qui touche les *Retraites*. Ici, les calculs sont plus fragiles en raison de la fragilité même de leur point de départ, de l'incertitude des lois de mortalité, de la variation du taux de l'intérêt, qui s'est singulièrement abaissé depuis que les Compagnies ont créé leurs caisses, et nos chiffres, sur ce point, ont moins de précision que ceux qui se rapportent à la main-d'œuvre.

C'est à ces derniers seuls cependant qu'on s'est attaqué, sans critiquer ceux qui se rapportent aux retraites. Or, il se trouve que ce sont précisément ces derniers qui sont affectés d'une erreur importante qu'aurait dû faire soupçonner la seule inspection des chiffres des diverses Compagnies, rapprochés les uns des autres à la page 91 du rapport Godin. L'évaluation des charges de chacune d'elles varie de 1 000 000 pour le Nord à 8 935 000 francs pour l'Est : en regard de la Compagnie P.-L.-M. figure la somme de 550 000 francs. C'est 8 500 000 francs qu'il Faut lire ; tel est le chiffre contenu et expliqué dans sa note remise le 20 octobre 1898 à la Direction des chemins de fer au Ministère des Travaux publics. C'est donc 8 millions qu'il faut ajouter aux 24 163 000 francs prévus du chef des retraites et qui se transforment ainsi en 32 millions.

Mais, en dehors de toute question d'argent, le principe même de cette réglementation n'est-il pas fait pour exciter la surprise ? Imposer à un chef d'industrie non seulement le principe d'une retraite, mais les conditions mêmes de cette retraite, sa quotité en fonction du salaire d'activité, cela conduit à la fixation légale des appointements d'activité, du traitement minimum, des règles de l'avancement. Toutes ces questions se tiennent. Le règlement des unes annonce-t-il le règlement par l'Etat de toutes les autres ?

Que ce soit là, pour un industriel, conscient et soucieux de ses devoirs patronaux, une obligation morale, je suis le premier à le proclamer ; que de l'exemple de l'Etat, qui depuis longtemps assure une retraite à tous ses fonctionnaires, les Compagnies de chemins de fer se soient inspirées, rien de mieux ni de plus naturel ; elles l'ont fait d'ailleurs presque dès leur création et dans des conditions qui, incessamment améliorées, sont bien autrement favorables à leurs agents que celles que pratique l'Etat vis-à-vis de ses fonctionnaires. Devoir moral, devoir étroit, nous le voulons bien, mais obligation !

Dans des conditions bien autrement favorables que l'Etat, disons-nous ; il n'entre pas dans nos intentions de les comparer en détail, mais, puisqu'on se complaît à rééditer, à leur encontre, des erreurs vingt fois démenties, citons-en du moins une seule :

Actuellement, a dit M. Rainer, *un employé de chemin de fer peut être congédié après 15, 16, 17 ans de services ; il est sans aucune ressource avec des charges de famille et il se trouve dans l'impossibilité de gagner sa vie. A cet homme, la Compagnie donne quelquefois une somme insignifiante sans se soucier souvent des versements effectués pour la retraite.* (C'est vrai. Très bien. *J. O.* du 14 novembre, p. 2173, col. 2.) *A tout instant, ils peuvent être renvoyés par la Compagnie,* a dit aussi M. Rose, *perdre tous leurs versement, tous leurs droits à leur retraite* (p. 2 172). » Comment est-il possible de produire et de répéter une semblable affirmation ? Toutes les compagnies de chemins de fer, quand elles sont obligées, pour un motif quelconque, de se séparer d'un agent, lui remboursent intégralement le montant des versements qu'il a faits à la Caisse de retraites gérée par elles. La Compagnie P.-L.-M., en particulier, le fait depuis 1881.

Dans le nouveau système, qu'elle a inauguré en 1892, de retraites assurées par la Caisse nationale de la vieillesse, elle fait mieux encore : les retenues opérées sur le traitement de l'agent, les versements plus importants encore de la Compagnie sont inscrits sur un livret qui est, dès l'origine, la propriété de l'agent ; il emporte les unes et les autres lorsque, pour un motif quelconque, il vient à quitter la Compagnie. Y a-t-il quoi que ce soit d'analogue dans les règlements ou dans la pratique de l'Etat ?

De quel droit donc l'Etat viendrait-il imposer de plus, en ce qui concerne l'âge de la retraite, la quotité de cette retraite en fonction du traitement d'activité, la durée des services, des sacrifices qu'il est loin de consentir lui-même pour ses propres fonctionnaires ? Les agents des Postes, des Douanes, des Forêts, etc., doivent remplir la double condition de 30 ans de services et 60 ans d'âge ; les plus favorisés, ceux qui ont passé 15 années dans le service actif, 25 ans de services et 55 ans d'Age. Pour tous les agents de chemins de fer, même pour ceux dont les fonctions ne touchent en rien à la sécurité publique, 20 ans de services suffiraient, quel que fût l'âge, pour constituer le droit à une retraite égale à la moitié de leurs appointements ! Bien plus, tout employé, tout ouvrier, comptant plus de 15 ans de services et quittant une Compagnie, aurait droit à une retraite proportionnelle quel que fût le motif de son départ, fût-ce l'ivresse habituelle, fût-ce l'indélicatesse ! car le texte de la loi de 1901 a oublié, volontairement ou non, de reproduire l'exception que contenait à cet égard le projet voté en 1897.

Par quelle bizarrerie, d'ailleurs, s'adresse-t-on d'abord, pour la réglementer si étroitement, précisément à l'industrie qui a pris spontanément l'initiative d'assurer des retraites à son personnel, aux chemins de fer, qui l'ont fait dans des conditions très larges et supérieures à celles de l'Etat lui-même ? N'est-il donc pas d'autres industries, employant, elles aussi, un nombreux personnel, qu'il eût été plus logique de stimuler ? On a voulu faire plus grand à la vérité, en abordant, avec les meilleures intentions du monde sans doute, la question générale d'une Caisse de Retraites ouvrières constituées, comme il convient, par le triple concours des ouvriers, des patrons et de l'Etat. C'était aller un peu vite en pareille matière. En tout cas, il eût mieux valu, par des efforts progressifs, stimuler les arriérés ou les indifférents que de réglementer à outrance les industries qui ont eu la nette perception de leurs devoirs moraux et les ont, de leur propre chef, résolument remplis.

Il est temps de terminer ces réflexions que nous aurions voulu faire plus courtes.

Qu'au nom de la sécurité publique et pour la garantir, l'Etat intervienne dans les rapports des Compagnies avec ceux de leurs agents dont un travail exagéré pourrait la compromettre, rien de plus naturel et de plus nécessaire, et les Compagnies ont défini, d'accord avec le Ministère des Travaux publics, les conditions de maximum de travail et de minimum de repos qui ont fait l'objet de l'arrêté du 4 novembre 1899. Elles ont accepté des mesures qui, pour elles, en 1900, ont entraîné un excédent de dépenses de 6 127 000 francs. Mais elles considèrent qu'elles ont donné là une satisfaction suffisante et elles ne peuvent se défendre d'un sentiment d'effroi quand elles voient la Chambre prendre un à un tous les articles de cette première réglementation et leur donner, sans nécessité, sans intérêt pour le public, sans profit réel pour leurs agents, une extension exagérée et ruineuse.

Tout d'abord il paraîtrait préférable que des matières aussi délicates demeurassent réglées par des arrêtés ministériels. Ils ont exactement les mêmes sanctions que la loi, bien qu'on ait dit et répété à satiété le contraire à la Chambre le 14 novembre 1901 ; il suffit pour s'en assurer de relire l'article 21 de la loi de 1845.[1] Ils sont plus souples, plus faciles à modifier si l'on s'aperçoit d'erreurs si faciles à commettre en pareilles matières, d'un mot omis, ou mal placé, ou mal défini.

En réglementant trop étroitement, avec l'inexorable rigidité de la loi, et d'une loi votée dans de telles conditions de précipitation, les éléments du travail maximum, le premier résultat sera sûrement de rendre infiniment plus difficile qu'aujourd'hui la solution d'un problème qui a pour la santé des agents, pour leur moralité, pour la sécurité publique, par conséquent, la plus haute importance, et

1 Art. 21 : Toute contravention aux ordonnances royales portant règlement d'administration publique sur la police, la sûreté et l'exploitation des chemins de fer et aux arrêtés pris par les Préfets sous l'approbation du ministre des Travaux publics pour l'exécution desdites ordonnances sera punie d'une amende de 16 à 3 000 francs. En cas de récidive dans l'année, l'amende sera portée au double et le Tribunal pourra, selon les circonstances, prononcer en outre un emprisonnement de trois jours à un mois.

qui consiste à leur permettre de prendre le plus souvent possible leurs repos à leur résidence, au milieu de leur famille. Le second résultat non moins certain sera, pour les mécaniciens en particulier dont les primes sont à peu près proportionnelles au parcours, de réduire les salaires par une limitation exagérée du travail ou du moins d'empêcher les Compagnies de les augmenter en demandant à leurs agents, comme c'est l'intérêt de tous, le maximum de parcours et de travail compatible avec leur santé et avec la sécurité. Le troisième résultat sera, par la création d'un nombre considérable d'employés nouveaux, au travail trop limité et, par suite, à des appointements que les Compagnies ne pourront pas augmenter comme ce serait leur désir et leur intérêt, un nouvel excédent de dépenses annuelles que, pour l'ensemble des réseaux de l'Etat et des six grandes Compagnies, l'on a évalué à 44 millions en prenant comme point de départ des calculs les parcours de 1896 et le projet de loi voté le 17 décembre 1897.

Si l'on considère les parcours de 1901, cet excédent est à augmenter d'environ un cinquième.

Que si l'on appliquait le projet voté le 14 novembre 1901, avec les extensions, conscientes ou inconscientes, qu'il contient par rapport au projet de 1897, ce serait bien autre chose encore. Les calculs récemment demandés par le Ministre se font en ce moment même, et les premiers résultats en sont tels que nous les refaisons, effrayés des chiffres d'excédent de dépenses auxquels nous sommes conduits.

Le projet voté par le Sénat le 4 juin 1901, le projet élaboré ensuite par la commission du Travail de la Chambre, exceptaient de cette réglementation les chemins de fer algériens et les chemins de fer d'intérêt général à voie étroite. Le vote de la Chambre du 14 novembre 1901 supprime cette distinction si naturelle. N'y aurait-il pas lieu, au contraire, de l'établir sur les grands réseaux entre les artères à grande circulation et les petites lignes où la sécurité est évidemment beaucoup moins en question ?

Est-ce au nom de la sécurité qu'à la Chambre du moins, car le Sénat s'est gardé de suivre cet entraînement immodéré, on veut créer des conditions exceptionnelles et véritablement impossibles de retraite en faveur d'une catégorie de travailleurs déjà singulièrement privilégiée, si Ion en juge du moins par l'ardeur avec laquelle on en assiège les portes, avec laquelle les employés de chemins de fer, les meilleurs juges cependant en pareille matière, cherchent à y faire entrer leurs fils, à l'abri du chômage, ce grand fléau de tous les travailleurs, avec la certitude pour leurs vieux jours d'une retraite déjà assurée et très supérieure, à niveau égal, à celles des fonctionnaires de tout ordre de l'Etat lui-même. Et cela au prix d'un excédent de dépenses annuelles qui, poulies sept grands réseaux, représentait, avec le projet primitif de 1897, 32 millions, et qui, avec les extensions immodérées du projet voté en 1901, dépasserait beaucoup ce chiffre.

Total des dépenses annuelles nouvelles 76 millions, en prenant comme point de départ le projet de loi de 1897, et, avec celui de 1901, plus de 100 millions !

Voilà le résultat de tendances qui, si elles prenaient définitivement corps, auraient les conséquences les plus graves pour la situation financière de la plus importante de nos industries et, par répercussion, pour celle du pays même.

On rappelait récemment que de 3 122 000 000 en 1890, notre budget s'était élevé, en 1900, à 3 713 000 000. Je sais bien, pour le voir affiché sur les murailles de Paris, qu'il n'y a pas lieu de s'inquiéter. Il n'importe, et, dût-on passer pour un timide, ce n'est pas faire acte de mauvais citoyen que de prêcher la prudence.

ISBN : 978-1724921987

www.ingramcontent.com/pod-product-compliance
Lightning Source LLC
Chambersburg PA
CBHW070236260726
48658CB00006BA/2353